VIDE-GRENIER AVANT LA RETRAITE :

L'INVENTAIRE DES RESSENTIS

(à conserver, à recycler ou à jeter…)

EN GUISE DE RITE DE PASSAGE

Marithé

OULERICH

VIDE-GRENIER

AVANT LA RETRAITE

Édition : BoD-Books on Demand
Impression : BoD - Books on Demand, Norderstedt, Allemagne

ISBN : 9782322413928
Dépôt légal : Avril 2022

CÔTÉ TERRASSE

Chapitre 1

LE COMPTE À REBOURS

(*à méditer*)

Depuis quelques temps je suis partagée entre l'impatience d'atteindre l'âge de mon départ à la retraite et le désir de prolonger l'ultime période qui m'en sépare.

J'oscille entre l'envie de poursuivre mon activité professionnelle et celle d'y mettre définitivement un terme.

J'hésite… Faut-il me rendre encore un tant soit peu utile ou, au contraire, me détacher et par la même occasion me débarrasser enfin de tout le stress engendré au fil du temps ?

Il me reste trois années à effectuer.

Trois longues années si je considère qu'elles me mèneront à la liberté. Des années trop brèves, si elles devaient aboutir, à l'inverse, à l'ennui, au manque ou au désœuvrement ?

Comment m'extraire de cette ambivalence ? De quelle manière neutraliser les pensées qui m'obsèdent en cette fin de carrière ? Comment interpréter les sentiments qui m'envahissent ?

Tout doucement je prends la mesure des enjeux d'un départ à la retraite.

En même temps quoi de plus banal ? Chaque jour des milliers de personnes cessent leur activité professionnelle. Pourtant, nombreuses sont celles qui éprouvent le même malaise. Comme elles, je m'interroge, alors que je réalise qu'un retour en arrière sera impossible.

Ainsi, ne vaudrait-il pas mieux profiter pleinement de la dernière étape et balayer une fois pour toutes, la vague inquiétude qui tend à poindre face a l'horizon ?

Jamais je n'ai connu l'inactivité. D'abord j'ai poursuivi mes études dans les années soixante-dix. À ce propos, il ne me serait jamais venu à l'esprit d'arrêter les cours après le baccalauréat — d'autant que peu d'enfants de parents issus du milieu ouvrier y avaient accès à l'époque —.

Ensuite, logiquement, j'ai enchaîné avec mon travail. Voilà près de quarante ans que je suis salariée, quarante ans que j'exerce la profession d'Assistante Sociale !

Je voudrais que mon « baisser le rideau » soit une réussite.

L'idée de noter mes réflexions m'est venue.

J'ai toujours voulu écrire. J'ai tenté plusieurs essais, des histoires pour enfants au récit de ma vie, sans y parvenir. Outre le thème, il me manquait le fil conducteur. Peut-être l'ai-je enfin trouvé.

Bien que bavarde, j'ai, semble-t-il, d'avantage d'aisance à l'écrit qu'à l'oral. Chose curieuse, on m'a souvent dit — l'un de mes professeurs de français en premier — que j'écrivais « comme on parle ». Alors…

Après avoir consacré ma vie professionnelle à l'écoute, le besoin de faire entendre ma voix est devenu primordial, une nouvelle façon, personnelle, de m'extérioriser.

Evoquer mon expérience m'aidera, je l'espère, à franchir la transition entre la dernière épreuve, dont je pressens toute l'intensité, et les congés forcés prolongés qui suivront.

Mon journal m'accompagnera tout au long du parcours, une sorte de rite de passage.

Chapitre 2

UN CHOIX

(*à conforter*)

Il a fallu que j'approche de mes soixante ans, que j'atteigne l'aube de ma retraite, pour saisir la portée de mon engagement. Ainsi je me rends compte que j'aime mon métier, j'en éprouve de la fierté, je l'exerce de manière choisie et il participe à mon épanouissement.

Au fil des ans, ma personnalité propre s'est fondue avec celle de la professionnelle que j'incarne et inversement.

Il est vrai qu'à mes débuts cette activité ne correspondait pas réellement à ce que j'avais imaginé. Ma formation, malgré les stages effectués, me paraissait superficielle au regard des problématiques à gérer. Tout au long de ma carrière, j'ai été préoccupée par la protection de l'enfance — confer les articles dans les journaux sur la mise en cause des services sociaux dans des affaires de maltraitance —. La responsabilité était importante, mais les moyens limités, la prévention insuffisante. Aussi ai-je prospecté, régulièrement, pour une affectation différente.

J'aspirais entre autres, à cerner davantage ma mission, mon secteur d'intervention couvrant un vaste domaine tant au niveau de l'étendue géographique que de la multitude des problèmes à traiter.

Les années et l'expérience aidant, je me suis cependant adaptée. Décidée à persévérer, j'ai continué à exercer en polyvalence. La grande diversité attachée au secteur a prévalu et l'a emporté à chacune de mes remises en question, sur les autres spécificités de postes, en confortant mon choix. J'ai d'ailleurs toujours estimé qu'il était plus aisé de passer de la polyvalence de secteur au service spécialisé, quel qu'il soit, plutôt que le contraire. Je disposais donc de tout mon temps pour faire un choix différent si besoin.

Les pauses dictées par des évènements personnels, se sont révélées bienvenues et salutaires dans mon parcours.

Le temps partiel, que j'ai pratiqué durant plus des trois quarts de ma carrière, m'a aidée à prendre de la distance, à « tenir le coup » et disons le à ne pas tricher. J'ai toujours tenu à bien distinguer la sphère privée de la sphère professionnelle et inversement.

Actuellement, je me questionne cependant. Ne me suis-je pas menti un brin à moi-même ? Puis-je encore être objective ? Ne suis-je pas conditionnée au point de me convaincre que ce métier a contribué à mon épanouissement.

J'ai des doutes sur les bienfaits d'un tel travail car, après chaque absence, j'éprouve beaucoup de difficulté à « reprendre le collier ». Les jours précédant la reprise, voilà que des troubles du sommeil, qu'une sensation d'oppression s'emparent de moi…

Ce dont je demeure persuadée c'est de mon besoin de rester active, de garder le contact avec les autres, mais sans doute à des doses plus appropriées.

En réalité j'exerce une profession difficile — une personne éclairée m'avait prévenue à l'époque où je débutais mes études mais cela ne m'avait pas découragée, bien au contraire —.

Tant que je suis « dans le bain » tout va bien. Je me montre efficace, concise, rapide, boulimique même. Toute à mon affaire, j'ai tendance ces dernières années à me comporter comme une « accro » du labeur.

C'est lorsque je m'arrête, quand la pression retombe, que je peine à remettre le pied à l'étrier. Certains jours les efforts exigés relèvent du défi, presque de l'exploit.

Jongler sans cesse avec un planning déjà bien chargé, — pour, par exemple, intercaler les urgences à tout prix — demande beaucoup de souplesse et de réactivité. Etre confronté régulièrement à des personnalités complexes, atypiques, exigeantes ou asociales, réussirait à démotiver n'importe quel professionnel au point de renoncer à « retourner dans l'arène ».

En même temps, je ne pourrais pas me satisfaire bien longtemps d'un poste où il ne se passerait rien, où surveiller les aiguilles de sa montre s'avèrerait le principal passe-temps. Je préfère la pression et la passion à l'habitude, la routine — signe du zodiaque : taureau —. C'est mon côté hyperactif.

Par ailleurs, je me lasse très vite.

Pour éviter ce piège, rien de tel que l'humain.

Il m'est arrivé malgré tout de ne plus supporter les usagers (du service social), de détester les jeudis matins, jours de permanence. Être au contact des autres au quotidien est susceptible quelquefois de provoquer l'overdose.

En vérité, il faut veiller à gérer sa disponibilité matérielle et psychologique, conserver de la marge pour les imprévus, équilibrer son temps entre les entretiens avec les usagers et les travaux administratifs — mises à jour, rédaction de rapports… —, mais également espacer les rendez-vous, surtout lorsqu'on a affaire à des personnes « sangsues », se ménager des bouffées d'oxygène — réunions, stages... —, faire équipe avec des collègues empathiques aux prises avec les mêmes préoccupations.

Ces répartitions saines, devenues petit à petit des automatismes, ont été Intégrées à mon planning; j'en applique la règle le plus souvent possible.

J'ai trouvé l'équilibre juste entre le temps imparti aux travaux administratifs et celui dédié à l'humain. J'éprouve beaucoup de satisfaction à consacrer une grande partie de mon activité aux contacts et aux entretiens avec les usagers.

Désormais, me détacher de l'intendance et de l'organisation technique m'étant permis, tous mes efforts se portent sur l'individu, aspect du travail ayant ma préférence.

Voilà donc un premier argument, non des moindres, qui plaide en faveur de la poursuite de mon activité professionnelle.

Chapitre 3

UN ESPRIT POSITIF

(*à développer*)

Lorsqu'on s'intéresse à l'individu, il convient de toujours différencier les êtres de leurs comportements. Multiples et évolutifs, j'ai pu faire une observation détaillée de ces derniers au gré des évènements et des rencontres

Nécessairement, les actes négatifs côtoient les actes positifs, les qualités humaines flirtent avec les défauts. Pour autant, tout en gardant une certaine lucidité, j'ai résolu, de ne plus me soucier que des éléments positifs.

Aussi, afin d'y parvenir, ai-je décrété d'accentuer mon côté optimiste déjà bien ancré par nature.

Volontairement je vois le « verre d'eau à moitié plein ».

L'ambiance de travail bienveillante qui prévaut et que je priorise me réussit assez bien et s'avère souvent contagieuse, bénéfique aux autres. Je parviens généralement à communiquer mon enthousiasme à mon entourage, suscitant un sourire, un signe d'adhésion chez mon interlocuteur, créant un climat harmonieux là où je me trouve.

Mettre l'accent sur les qualités.

Je citerai le respect, la simplicité, la combativité, la rigueur, l'art de la répartie — dont je rêve —, l'authenticité, l'organisation, la participation, le soutien, l'humour — attention cependant à son utilisation à bon escient —... valeurs auxquelles je suis sensible ; j'ajouterai la bonne humeur, la « zen attitude ». La liste est bien plus longue ; ce qui compte c'est en définitive, à défaut de les posséder ou faute d'être en capacité de se les approprier, d'adopter une tendance comportementale positive.

Plutôt que de se polariser sur les défauts, les insuffisances, les échecs des individus, il est préférable de se focaliser sur leurs possibilités, leurs efforts, leurs progrès, leurs réussites aussi menues soient elles.

L'objectif à poursuivre est de valoriser les personnes, les encourager, les « tirer vers le haut » tout en les traitant dignement.

Il s'agit de susciter la motivation, enfouie au plus profond de leur être — souvent depuis longtemps — et à laquelle parfois ils n'ont plus accès. Il convient de soutenir, baliser, encadrer, insuffler l'énergie nécessaire, avoir de l'empathie, ne pas juger, comprendre, écouter… se montrer disponible.

Etre positif, viser les cent pour cent, expliquer, s'en donner la peine, se mettre à la portée des autres, leur consacrer toute l'attention nécessaire, font partie de ce vaste programme. Être un leader « dans le bon sens du terme ».

Chapitre 4

DES RELATIONS BASEES SUR L'AUTHENTICITE

(*à préserver*)

Maintenant, ce qui m'importe c'est avant tout l'authenticité. De fil en aiguille, le langage vrai a pris le pas sur les discussions de convenance, jouant un rôle essentiel et incontournable pour moi, une façon d'introduire de l'intensité dans la communication.

De plus en plus je me place sur un terrain d'égalité avec les personnes. J'essaie de créer les conditions pour favoriser et établir un réel « feedback » entre nous.

Nous sommes tous différents mais, humainement, placés sur une même ligne horizontale.

Je ne supporte plus les échanges convenus, les bavardages énergivores et totalement inutiles.

Lorsque je continue cependant à me livrer à ce genre d'exercice, c'est en apparence seulement. Ce qui est différent alors, c'est que, « bonjour ! » veut réellement dire que je souhaite une bonne journée. « Comment allez-vous ? » signifie que je m'intéresse à la l'autre, à son ressenti, à sa santé tant physique que morale… Mon attitude et mes propos seront congruents.

Les personnes attendent d'être considérées, d'avoir l'assurance qu'elles comptent pour autrui et qu'elles sont utiles à la société.

Elles ont besoin d'être rassurées quant à leur pouvoir de décision aussi. Il s'agit donc de leur faire des propositions, auxquelles elles seront susceptibles de donner suite ou non. Et lorsqu'elles optent pour une réponse, elles doivent rester libres de choisir la manière dont elles vont s'y prendre pour la concrétiser.

Les informer, oui, les guider oui, mais il n'est pas question d'agir à leur place, ni de s'imposer. Cette coopération ne peut se réaliser que si les interlocuteurs concernés se situent sur le même plan, celui du respect mutuel.

La protection de l'enfance et des personnes vulnérables, domaines dans lesquels la communication et la relation sont extrêmement délicates, en font exception cependant. Il convient parfois de s'imposer pour préserver le bien-être de ces personnes. Parvenir à faire comprendre la nécessité d'une mesure d'accompagnement ou de placement et la faire accepter ne nous enlève pas la part de pouvoir et le devoir de signalement que nous exerçons dans ce contexte ainsi que la mission qui est la nôtre en la matière.

Quelles que soient les circonstances, dorénavant seuls les contacts authentiques seront de mise. Une telle attitude ne s'avère pas facile à adopter pour soi même et à développer chez autrui. N'oublions pas que dans tout échange interviennent deux acteurs au minimum et que chacun tient son bout de l'écharpe — en référence à Jacques Salomé —. Les autres manières de pratiquer ne me satisfont plus.

Au contact permanent des Autres, j'ai évolué.

Je vis et ressens pleinement les choses. J'y prends beaucoup de plaisir. Je considère les individus différemment. Au-delà du respect, j'ai l'impression de les voir « au-dedans ».

La pratique et la maîtrise de l'entretien, à travers sa répétition inlassable, ont, au fil des années, forgé cette aptitude.

Néanmoins, pour arriver à cette clairvoyance, il m'a fallu beaucoup de temps et de patience. Mes préoccupations personnelles, la gêne, voire mon aversion pour certaines problématiques (alcool, déviances…), mon appréhension face à certains comportements (agressivité, violences…) ont d'abord constitué des freins au rapprochement avec les personnes.

Il serait finalement dommage de ne pas en faire profiter les « usagers ». Encore un argument qui m'encourage à poursuivre mon activité.

Chapitre 5

DES ÊTRES UNIQUES

(*à se rappeler*)

Tant d'histoires vécues et partagées, toutes spécifiques, les unes tristes, les autres joyeuses, carrément surréalistes ou incroyables.

Que d'émotions ! Quelle richesse !

Connaître les gens, faire des rencontres m'a plu, m'a beaucoup apporté et me manquera certainement. Chaque personne est exceptionnelle et unique en son genre.

Côtoyer mes congénères me procure beaucoup de plaisir, surtout lorsqu'il m'est donné d'établir un réel contact.

En fait, je réalise que, depuis toujours, j'ai été sensible aux rencontres. Dès l'enfance j'ai été perméable aux relations, aux émotions.

Le contact d'autrui, de mes proches d'abord et puis de ceux du cercle plus éloigné, m'est indispensable.

Je voudrais profiter de l'occasion pour souligner combien j'apprécie certaines personnes, usagers ou professionnels de mon entourage ainsi que mes amis. Il existe des êtres qui ont un effet réellement apaisant, qui vous font du bien, parfois du seul fait de leur présence. Leur comportement, leur aisance naturelle, inspirent la quiétude, calment les esprits, apportent réconfort et harmonie

J'ai toujours aimé « photographier » les gens. Je peux m'attarder à suivre des yeux les passants, balayer du regard la foule lors d'un spectacle, imaginer la vie d'un anonyme patientant dans la file d'attente d'un cinéma… me surprendre à fixer un couple au restaurant… dans une attitude neutre, juste pour le plaisir d'observer des individus si semblables et à la fois si différents.

Ma grand-mère maternelle excellait dans ce type d'exercice auquel elle se livrait régulièrement mais de façon plus caustique. Lorsque je l'accompagnais en ville, installées toutes deux à la terrasse d'un café, elle adorait faire des commentaires sur les individus qu'elle voyait et les scènes qui se déroulaient devant nos yeux. Son côté excessif m'amusait beaucoup : elle avait le don « d'en rajouter » et forçait tant la critique qu'il n'était plus possible de la prendre au sérieux.

Il n''empêche que très tôt j'ai compris qu'en ville on pouvait se permettre plus d'originalité, de fantaisie, qu'à la campagne. Ma grand-mère vivait dans un tout petit village mais elle s'est toujours comportée comme une citadine. Elle a certainement contribué à alimenter mon goût pour la ville et ses caractéristiques mêlant proximité, intimité et anonymat.

J'ai chéri les enfants…

J'éprouvais de la tendresse pour la petite-fille des voisins de mes parents que je promenais de temps en temps, histoire de lui faire prendre l'air, de la distraire. Je savais qu'en même temps à cette occasion elle serait baignée, habillée, qu'elle sentirait bon. J'étais contente pour elle. Je rêvais d'aller la chercher tous les jours ; ce n'était malheureusement pas possible.

Je me souviens de la gamine aux bouclettes rousses, mignonne à croquer, surnommée « Cacahouète », dont je me suis occupée et à qui je donnais la main ; placée en foyer, elle y apprenait à faire ses premiers pas après avoir découvert l'utilité de chaussures…

J'ai une affection toute particulière pour mes jeunes sœurs, semblables à des jumelles, qui les premières ont éveillé en moi l'instinct maternel.

J'ai admiré certaines personnes pour leur courage face à la maladie, tel ce monsieur, laryngectomisé, agent immobilier de profession, qui mettait toute son énergie à retravailler alors qu'il aurait pu profiter d'une allocation servie par le « Système ».

J'avais mal au cœur pour la collègue qui cumulait la perte d'êtres chers, poursuivie implacablement par la malchance semblant l'avoir prise pour cible, pendant ces années où nous avons travaillé ensemble.

J'en ai préféré certains pour la douceur de leur voix chaleureuse — un bien-être proche de celui éprouvé lorsque le coiffeur masse votre cuir chevelu ou que l'esthéticienne prend soin de vous —, leur beauté, leur maladresse ou au contraire leur aisance, leur aplomb. Je percevais leur façon désespérée de s'accrocher à moi parfois, leur sourire tendre, pudique.

J'étais honorée qu'ils me fassent confiance, qu'ils me jugent digne de leurs confidences — souvent ils me prêtaient un pouvoir que je n'avais pas —.

Et que dire du regard ? Tout se passait dans et par le regard. Il exprimait tour à tour la confiance, la tristesse, la joie, la gratitude… la gêne, les petits mensonges, les omissions… un signe d'adieu un jour — souvenir très personnel que je tiens à conserver égoïstement —…

Il m'est arrivé une seule fois de ne pas réussir à interpréter le regard d'un usager qui, je l'ai appris par la suite, avait connu un épisode de délire aigu ; j'en ai conservé le souvenir d'un intense malaise.

Les enfants m'impressionnaient par leur aptitude particulière à transmettre des messages.

J'ai toujours eu de bons contacts avec les enfants, même en bas âge. J'ai veillé à maintenir la communication avec mes neveux et nièces. Sans parler de la complicité établie avec mes propres enfants.

J'ai été à l'écoute de tranches de vies, le témoin de souffrances. Parfois je me suis sentie bien inexpérimentée, désarmée. D'autres fois les histoires ont eu un écho particulier en moi. Jamais elles ne m'ont laissée indifférente. De plus en plus souvent elles m'atteignent, me transforment ; elles ont participé à me construire.

Je n'oublierai jamais cette mère de famille qui me parla de sa fille atteinte d'une leucémie à l'âge de 18 ans, l'année du baccalauréat.

Elle évoquait des migraines insoutenables déclenchées par les ponctions lombaires. Les douleurs étaient telles, amplifiées par sa maigreur extrême, qu'elles rendaient le port d'une simple ceinture insupportable.

Quel bonheur que mes garçons soient en bonne forme.

Si j'ai tant apprécié les gens c'est que moi-même j'ai été très entourée et j'ai fait la connaissance de personnes bienveillantes. J'ai pu bénéficier de quelques modèles. J'ai grandi et je me suis développée sur un terreau favorable, fertile, propice à l'épanouissement de qualités humaines.

Je suis consciente et je réalise au travers de ces quelques lignes que ma personnalité a participé largement à forger la professionnelle que j'incarne et qu'inversement mon activité a fortement marqué ma personnalité.

Comment ne pas regretter ce travail alors qu'il a occasionné tant de rencontres exceptionnelles ?

Chapitre 6

LA ROUTINE

(*y échapper*)

Lorsqu'on prend le temps de s'intéresser réellement aux gens, on réalise qu'une histoire ne ressemble à aucune autre, malgré les apparences.

Le piège serait de considérer que toutes les demandes exprimées en service social sont identiques sous prétexte qu'elles sont évoquées souvent de manière similaire et revêtent la même forme.

Les situations ont des points communs tels que le chômage, la maladie, la vieillesse, la solitude…

Imaginer des moyens d'action nécessite de partir d'exemples généraux, de causes semblables, de parcours identiques, de points communs.

Bien que ces aspects soient fondamentaux, j'en laisse le soin à la hiérarchie, aux décideurs.

Concernant les agents de terrain dont je fais partie, j'ai observé que pour ne pas s'enliser dans la routine, il est au contraire essentiel, de s'intéresser à l'individu, en retournant du collectif vers le sujet.

Si on n'y prend pas garde, ce métier peut véritablement se révéler usant et pénible. J'ai vu des professionnels, que je qualifiais de vrais « pros », quitter le service en étant complètement désabusés. Cela m'a d'ailleurs questionnée et troublée. Depuis je mets toute mon énergie à échapper à ce type de scénario.

Bien d'autres professions présentent ces désagréments.

L'une de mes amies a connu la même lassitude face aux clients de la banque dont elle était employée. Les accueillir quotidiennement au guichet demande beaucoup de patience ; s'y ajoute la monotonie liée à la répétition des tâches, si on s'en tient uniquement aux actes comptables.

Les agents affectés à l'accueil sont souvent abandonnés à leur sort ; ceux qui ont réussi à quitter ce genre de poste se gardent bien d'y revenir même en qualité de remplaçant occasionnel.

L'une de mes connaissances, professeur dans un collège technique, lutte également contre la sensation d'usure. Capter l'attention et obtenir le respect de ses élèves, à court terme, et à plus long terme les mener vers le contrat d'apprentissage requiert une bonne dose de créativité.

Au départ il est indispensable d'avoir un certain profil — sélection à l'entrée de l'Ecole de formation —. Des dispositions naturelles et des qualités humaines comme la bienveillance, la cohérence, de l'assurance… ainsi que des capacités d'adaptation sont de mise. Il est nécessaire d'être soi-même très équilibré et désintéressé pour occuper un tel poste.

Je ne sais pas si je suis spécialement équilibrée mais je ne me départis pas d'un solide bon sens. Je fais le même constat concernant le comportement de mes collègues. De manière générale, la stabilité psychologique compte beaucoup. Être au contact du public constitue, à la longue, une épreuve dont on sort renforcé la plupart du temps — ou en cas d'échec anéanti et dépressif —.

Il faut savoir aussi faire preuve à certains moments de détachement, ne serait-ce que pour se préserver, se protéger.

Parallèlement il est nécessaire d'intégrer et de mettre constamment à jour une somme considérable d'informations.

La diversité des tâches et des domaines d'intervention est à ce prix.

La formation professionnelle continue peut constituer une aide dans ce domaine si elle est effectuée dans de bonnes conditions, si elle correspond aux besoins et si les salariés sont libérés réellement de leur travail pendant le temps prévu à cet effet. À défaut, il revient à chacun de se prendre en charge et de se donner les moyens de progresser.

Pour ma part, j'ai également constaté que travailler à temps partiel m'avait beaucoup servi malgré les inconvénients liés aux absences régulières sur le terrain. Cela m'a permis de m'investir différemment sur un plan personnel, de me régénérer, décompresser, élargir mes centres d'intérêts, me ressourcer.

Chapitre 7

LA MOTIVATION

(à développer)

C'est une autre des clés de la longévité dans ce métier.

Rester motivé et se montrer disponible en permanence.

Je pense que la relation vraie constitue un moyen efficace pour se soustraire aux solutions et phrases toutes faites, injonctions du style « y a qu'à », « faut qu'on » et participe à alimenter la motivation dans la profession.

La formation professionnelle et des techniques adaptées, mais également l'expérience et la maturité, peuvent, nous permettre d'atteindre un degré d'intensité dans le travail, suffisant à entretenir « la flamme » au quotidien et à long terme.

Sachant cela, il convient de faire preuve de patience, de persévérance et d'un soupçon d'humilité. Il serait dommage de jeter l'éponge avant d'y être parvenu, même si la tentation peut exister par moments.

En revanche, des efforts constants ne sont pas concevables. En complément les prédispositions personnelles entrent en ligne de compte.

La perfection n'existant pas, on se contentera de veiller à accueillir, à s'occuper des gens dans de bonnes, voire les meilleures conditions possibles.

Contrairement à ce que l'on pourrait imaginer, je suis bien plus concernée maintenant qu'à mes débuts, mais un brin moins enthousiaste car plus lucide.

Il a fallu que je réfléchisse au moyen de conserver et d'entretenir mon implication. Au bout de tant d'années ce n'est pas évident, ni assuré d'avance.

En fait il ne s'agit pas de la même motivation. Celle-ci a évolué en fonction de l'âge, de l'expérience.

J'aurais trouvé dommage d'envisager cette activité uniquement comme un gagne-pain ou de changer d'orientation voire d'abandonner simplement le métier.

J'avoue avoir tout de même une crainte et je m'interroge. Cette motivation, différente, serait-elle le simple fruit du hasard, passagère, ou m'accompagnera-t-elle jusqu'au bout ? J'aimerais bien et j'espère qu'elle perdurera. Cela demandera malgré tout des efforts soutenus que je suis prête à fournir. Il n'y a que la passion et/ou la vocation qui, à ma connaissance, pourraient m'en dispenser.

Ce qui est sûr c'est qu'un changement s'est opéré en moi ces derniers mois.

En vérité j'ai envie de profiter au maximum des expériences qui me seront encore offertes.

Je ne pense pas que l'on puisse se mettre dans cet état d'esprit en début ou même en cours de carrière à moins d'être un sujet exceptionnel ou d'avoir connu un accident de la vie — maturité précoce—.

Malgré la tendance aux réponses collectives, j'essaie de personnaliser les solutions apportées aux usagers.

Au diable les barèmes destinés à « mettre les gens dans des cases ». J'ai toujours été une adepte des demandes exceptionnelles, des dérogations lorsque les situations le justifiaient. Je préfère partir des besoins plutôt que des moyens existants.

Le travail collectif ne répond pas non plus à mon idéal d'intervention.

Il existe des personnes faites pour les actions en groupes et d'autres pour des prises en charge individuelles. Comme il existe des professionnels faits pour l'une ou l'autre façon d'appréhender les usagers et leurs problèmes.

De même peut-on considérer que sous prétexte que les personnes perçoivent le RSA — montant sous le seuil de pauvreté —, leurs besoins de base sont comblés et que d'autres besoins plus secondaires ne pourraient s'exprimer et être satisfaits ?

Se motiver et motiver les usagers, un vaste programme. Ni l'un ni l'autre ne sont aisés. Se méfier de l'art de convaincre, des accords obtenus « à l'arraché ».

Les faux-semblants sont pratiques mais finissent toujours par être repérés.

43

En matière de motivation, je pense que la réciprocité a été payante et elle est toujours à l'œuvre.

Chapitre 8

L'INTUITION

(à suivre)

L'humain, les sensations, l'intuition et l'instinct sont étroitement liés.

De plus en plus souvent je me fie à mes intuitions.

Pour des questions plutôt anodines comme estimer le temps nécessaire qu'il conviendra d'accorder à une personne pour réagir à l'un de mes courriers de convocation. Souvent il m'est arrivé de ne pas m'impatienter et d'apprendre qu'un usager ne s'était pas présenté car il avait été hospitalisé par exemple.

Comme apprécier le bon délai pour relancer quelqu'un afin de ne pas lui donner le sentiment d'être harcelé.

Mais aussi pour des sujets plus délicats. Dernièrement j'ai été surprise de m'entendre dire à quelqu'un de ne pas avoir à rougir de ses difficultés, phrase qui m'avait été inspirée par le sentiment que la personne était mal à l'aise. En fait, inconsciemment j'ai senti qu'elle était embarrassée, bien avant que j'en perçoive visuellement les signes.

De manière générale, les entretiens, outre leur canevas technique, sont guidés par mes perceptions intuitives de la personne et/ou de la situation. Je fonctionne beaucoup « au feeling » et je me trompe rarement.

En plus, depuis quelques temps, à chaque fois que je pense à quelqu'un en particulier, soit j'obtiens indirectement de ses nouvelles, soit il se manifeste… Ces synchronicités sont troublantes.

L'explication en est statistique sans doute. Si la moyenne des interventions, pour une même famille, en milieu urbain (les chiffres sont différents en milieu rural), se révèle être d'une tous les six mois, il y a de fortes chances pour qu'une fois ce délai passé, on s'attende à revoir la personne et que cela se concrétise effectivement.

Ce qui est bien c'est que même sans agenda, l'usager à convoquer ou la tâche à réaliser, me reviendront probablement en mémoire le moment venu.

J'ai remarqué également que lorsqu'une personne nous est signalée ou nous sollicite une première fois, même pour un motif des plus banals , il arrive souvent qu'à un moment ou un autre par la suite, elle ait à nouveau besoin de nos services ou qu'elle refasse l'objet d'un signalement plus sérieux.

C'est d'autant plus flagrant lorsqu'on exerce suffisamment longtemps sur le même secteur; on peut alors observer ce phénomène se reproduire régulièrement.

Les femmes sont, paraît-il, plus intuitives que les hommes. Je pense que cela est exact.

Il existe aussi, parmi les femmes, des personnes plus sensibles que d'autres. On peut être très rationnelle, avoir un esprit logique, ce qui est mon cas, et percevoir des émotions subtiles, peu évidentes ou masquées. Je n'ai pas de connaissances pointues en psychologie mais je suis assez « fine » et réceptive. Et plus je prête attention à mon ressenti, plus se développe cette acuité, ce sixième sens.

Il m'est arrivé d'éprouver des sensations étranges en présence d'enfants et d'apprendre ensuite la survenue d'évènements exceptionnels, jamais gais, les concernant. Du coup je crains de ressentir ces impressions à nouveau.

Il m'a été donné d'établir un contact privilégié avec des enfants en bas âge qui n'avaient pas encore acquis le langage. J'étais alors surprise et touchée d'avoir réussi à communiquer malgré le manque de mots et alors que je les connaissais peu. Un temps j'ai cru avoir affaire à des enfants plus intelligents que la moyenne. En fait il s'agissait plutôt d'une aptitude particulière. L'échange visuel avait permis d'entrer en relation, de se comprendre ; il témoignait aussi de la reconnaissance et de l'acceptation de l'autre. J'ai adoré ces moments que je qualifierais de magiques.

Plus étranges et sans doute plus fantaisistes ont été les messages émanant de nos compagnons, les animaux.

Depuis je me garde bien de rire des fans qui parlent à leur poisson rouge ou des individus isolés qui personnifient leur animal de compagnie.

Ces échanges intenses m'ont persuadée qu'il existait d'autres modes de communication que verbale. Je ne les ai pas cherchés et je ne suis pas en mesure de les provoquer. J'ai pu les remarquer tout simplement. Je pense qu'ils sont accessibles dans certaines dispositions de grande réceptivité ou dans des situations de profonde souffrance ou même de désespoir.

J'éprouve des difficultés à évoquer ces phénomènes, à y mettre des mots. Le recul me permet souvent d'y voir plus clair et de trouver un sens, faute d'explications. Ces instants que je n'ai pas oubliés ont été permis et favorisés par une grande disponibilité et une bienveillance totale à l'égard des autres. De tels moments ont existé tant sur le plan privé que professionnel.

Chapitre 9

LA LOI DES SERIES

(*à observer*)

J'ai pu constater que systématiquement lorsque l'approche d'un dossier est complexe, celle-ci ne cesse de se compliquer davantage par la suite.

Lorsqu'une erreur se glisse dans l'étude d'un document, survient généralement une succession d'erreurs.

Un signalement n'arrive jamais seul. Fréquemment il en parvient un second ou même un troisième dans la foulée, qu'il concerne un seul professionnel ou l'ensemble de l'équipe.

Cela tient peut-être aux « signalants ». Avant les vacances scolaires le personnel de l'Education nationale, soucieux de boucler ses dossiers, se mobilise. En période de pleine lune les « agités » se manifestent. Lors d'une campagne d'information sur la maltraitance, ceux qui éprouvent le besoin de soulager leur conscience se réveillent…

Il y a le mois des problèmes financiers — avec l'arrivée des factures —, la quinzaine des râleurs, la semaine des contre temps, la journée des femmes battues… à croire que tout le monde s'est donné le mot pour nous mener la vie dure.

Une semaine entière peut être consacrée aux visites à domicile. A l'inverse, à d'autres moments il est éminemment difficile d'inclure une seule visite dans le programme, tant il y a de rendez-vous au bureau. Parfois ce sont les réunions qui dominent, généralement à la rentrée de septembre lorsque tout le monde a pris de bonnes résolutions. Pas toujours évident d'équilibrer les plannings.

Certaines périodes sont marquées par les rendez-vous manqués, les portes closes lors des tentatives de visites. Combien d'allers-retours domicile - bureau effectués et restés infructueux. « Courir après les gens » en matière de protection de l'enfance est monnaie courante. Il est utile d'avoir de bonnes jambes, une dose non négligeable d'humour et de rester humble en toute circonstance.

Cet aspect laborieux du travail n'est guère attrayant.

Chapitre 10

LE STRESS

(*le bon à conserver, le mauvais à jeter*)

C'est comme le cholestérol, pour ce « satané» stress. Il y a le bon et le mauvais ; je suis atteinte par les deux formes.

Par périodes, dès que je me réveille je pense aux situations. Pourtant il n'y a rien de grave, pas mort d'homme en tous les cas. Heureusement, les cas dramatiques ne sont pas fréquents ! Je touche du bois, serais-je légèrement superstitieuse ?

C'est juste que je réfléchis en permanence aux solutions à élaborer, que je revois les scènes, que je me repasse le film de la journée, me réenregistre les discussions... Souvent me revient le souvenir d'un détail qui laisse entrevoir une issue, une autre voie possible.

On dit que la nuit porte conseil ; en ce qui me concerne cela se vérifie.

Je ressassais beaucoup — moins depuis que je mets mes réflexions par écrit —. Je ne sais pas si je pense à mes dossiers parce que je ne parviens plus à dormir, pour m'occuper en quelque sorte ou si je ne dors pas car les situations m'obsèdent et m'en empêchent. Au choix. À force cependant, le cercle vicieux s'installe et les nuits blanches s'enchaînent.

J'imagine qu'un comptable doit être constamment tracassé par les chiffres, les bilans, un juge par les affaires, un chirurgien par les interventions…

Une collègue spécialisée, partie récemment à la retraite m'a confié qu'elle ne supportait plus d'être tenue éveillée par les cas qui « craignaient ». Dans certains domaines comme la protection judiciaire de l'enfance, ce tourment doit être constant et encore accru.

Je n'envierais pas non plus un poste de DRH en période de restructuration.

Or le sommeil est fondamental pour l'organisme. Il est le signe d'un bon équilibre. Il vaut mieux être bien reposé pour entamer la journée car les étapes se suivent et s'enchaînent, ne vous laissant guère le temps d'un interlude.

Il m'est arrivé de rêver travailler uniquement sur dossiers, de saisir des informations, des notes, des comptes rendus, de préparer des commissions... être greffier en somme.

En même temps se battre pour les gens, pour des existences meilleures, plus justes, se révèle stimulant et gratifiant.

Le plus difficile est de s'y mettre ; une fois dans le bain, les réflexes s'activent, on oublie. Je pense que c'est identique pour un acteur de théâtre : le plus dur est de monter sur scène ; ensuite, complètement absorbé par son personnage, il devient son personnage. C'est me semble-t-il est un peu pareil dans tous les métiers. Comme si chacun jouait un rôle dans la société.

Cependant dans la vraie vie, il n'est pas possible d'endosser une cause, de revêtir un habit un jour et de le tomber le lendemain. Lorsqu'une prise en charge est débutée il faut aller jusqu'au bout. Persévérer est essentiel.

En vérité certaines situations peuvent devenir pesantes et absorber toute votre énergie. Dans ces cas là, lorsqu'elles se terminent, pour un déménagement de l'usager hors secteur d'intervention par exemple, avouons le, il n'y a pas à regretter de devoir passer le relais à un autre professionnel. Il n'y a pas que des réussites et des usagers attachants. Loin de là !

Etre au contact d'individus peut s'avérer particulièrement éprouvant, d'où la nécessité absolue de trouver une manière de s'investir tout en se préservant.

Combien de fois, faute de moyens, n'ai-je été tentée de sortir cinq ou dix euros de mon sac pour dépanner quelqu'un et finalement, ne pas avoir à le faire car la personne avait trouvé elle-même une ressource — dans le sens de solution —. On peut toujours prétendre qu'il y a très peu de véritables urgences, il faut tout de même réussir à côtoyer au quotidien des personnes aussi démunies. Parfois notre attitude peut passer pour inhumaine alors que nous exerçons dans le social.

Relativisons un peu cependant. Il convient d'être juste et de dire que cela arrive moins souvent depuis la création du RMI remplacé ensuite par le RSA.

Dans un autre domaine, j'ai quelques fois imaginé parrainer des enfants auxquels je me suis particulièrement attachée et dont les parents se montraient, volontairement ou involontairement d'ailleurs, insuffisants. J'avais beaucoup de mal à supporter que des enfants puissent être impactés par le comportement inadapté de leurs parents Je me raisonnais en me disant que je pourrai le faire si je quittais mon secteur d'intervention ou que, s'ils déménageaient, je ne serais plus concernée professionnellement et alors je pourrai m'engager à titre personnel.

Et... le temps s'est écoulé. Je n'ai pas oublié, mais je suis passée à autre chose. Ainsi va la vie. Les enfants en question ont grandi ; je ne serai sans doute jamais amenée à les croiser ; je ne les reconnaîtrais sans doute même pas s'il m'était donné l'occasion de les rencontrer plus tard, quoique...

Stresser oui, mais pour la bonne cause. La plupart des situations en ont valu la peine.

Chapitre 11

LA RECIPROCITE

(à cultiver)

Initialement, les personnes sont orientées vers moi car relevant de mon secteur géographique. Par la suite, il arrive que, outre ce motif, elles tiennent exceptionnellement à s'adresser à moi plutôt qu'à un autre professionnel. J'en éprouve alors du plaisir, celui d'avoir bien fait mon travail et d'avoir été appréciée.

Leur rendre service, aider à améliorer leur situation, contribuer à leur bien ou mieux-être me procure une grande satisfaction. Même lorsque les situations stagnent où se dégradent, je me dis que sans mon intervention, cela aurait été sans doute pire, que j'ai probablement contribué à limiter ou retarder une éventuelle dégradation. Je suis alors cantonnée à la fonction de « contenant » — revalorisé lors d'une formation appréciée : du soutien au soutien —.

J'ai souvent entendu dire, par des usagers, mais aussi par des stagiaires, que j'avais un côté maternel

Sur le plan professionnel, j'ai la naïveté d'accorder une chance à chacun. Je n'aime pas consulter les dossiers, à propos du suivi antérieur des nouveaux usagers, afin d'éviter tout risque d'à priori ; je préfère me fier à ma propre opinion, au départ, et y avoir recours par la suite après avoir fait la connaissance des personnes.

Le monde regorge de gens attachants. Si je ne pratiquais pas ce métier je me serais privée de toutes ces rencontres. Je n'aurais pas profité de cette expérience de la diversité des existences, des personnes, des parcours. J'ai beaucoup donné mais, en contrepartie, les usagers, m'ont énormément apporté.

Si j'avais un conseil à prodiguer aux jeunes, ce serait de choisir une profession offrant une large fenêtre sur la vie, sur le monde « non virtuel ». Si le social n'attire pas ou ne convient pas, il y a des domaines comme le journalisme qui peuvent procurer cette diversité — les grands sujets de société — et cette ouverture tout en préservant la proximité avec le terrain.

Je ne conçois pas cependant qu'on puisse se démener pour améliorer une situation en oubliant au passage ses propres besoins. Respecter l'autre implique de se respecter soi. Il ne s'agit pas de se négliger.

Concrètement cela implique sur le plan pratique, quotidien, en ce qui me concerne, de faire une pause déjeuner, de prendre le temps de boire un café ou plutôt un thé avant de débuter les entretiens, de ne pas omettre de faire les pauses indispensables, de terminer à l'heure, de me souvenir que les véritables urgences sont rares. Du discours ? Par moments, j'ai éprouvé beaucoup de peine à tenir ces résolutions qui découlent pourtant du bon sens.

Ces règles s'appliquent également aux relations personnelles : ne pas se laisser envahir.

Dans ce domaine je connais des personnes ayant une tendance marquée pour se sacrifier, ne jamais refuser un service, se rendre disponible même à leur détriment ou celui des leurs proches. Leur attitude relève alors de l'abnégation. Ecouter quelqu'un par exemple jusqu'à en éprouver des nausées, dépasse l'entendement. C'est du dévouement, de l'obéissance pure ou le sentiment qu'on est indispensable qui régissent alors.

En ce qui me concerne, je fuis ces interlocuteurs comme la peste.

Ce qui importe également ce sont les personnes avec lesquelles vous travaillez. La plupart du temps vous n'avez pas la possibilité de les choisir à moins d'être votre propre patron ou d'exercer en libéral.

Or, il suffit qu'un élément de la chaîne ne joue pas le jeu pour que tous les efforts fournis par les autres acteurs soient vains. Un maillon peut anéantir le travail de toute une équipe.

Autant que possible, les pratiques professionnelles doivent être harmonisées pour une prise en charge respectueuse .Cet objectif paraît difficile à tenir du fait que ni les usagers ni les professionnels n'ont le choix de leurs interlocuteurs.

Chapitre 12

LE TAMPON

(*à encrer régulièrement*)

….Ce vers quoi je tends c'est d'appliquer mes propres méthodes sans être en porte à faux avec les exigences de l'employeur.

À commencer par respecter les horaires imposés par le service. Pas de problème, je n'ai jamais eu besoin du bâton ni de la carotte d'ailleurs — au fait c'est quoi déjà la carotte ? la note ? les primes ? l'avancement ? —.

Faire du chiffre, établir le nombre de contrats d'engagements demandé, de questionnaires, de données socio professionnelles requis… Tenir le nombre de permanences suggéré.

Faire des listes, répertorier les personnes au RSA, les demandes d'aides…

Répondre aux courriers des élus, aux sollicitations de la hiérarchie…

Revoir sa copie si nécessaire, encadrement technique oblige — un regard extérieur peut s'avérer une aide utile —.

De toute manière, il convient de s'adapter aux critères des différentes commissions, instances, organismes. La liberté est donc toute relative.

Il faut concilier toutes les exigences en répondant aux besoins des personnes et en veillant, s'ils sont adaptés, à utiliser les moyens mis à disposition par la collectivité : proposer une mesure d'accompagnement personnalisée, un accueil spécifique… passer le relais à un sous traitant.

Jouer le jeu dans la mesure du possible, sans se renier, toujours en accord avec soi-même. « Prier » pour que certaines situations ne se produisent pas si je suis mal à l'aise avec les injonctions du service. Me dire qu'à l'usage il y aura des corrections voire un abandon de certaines consignes et espérer gagner du temps. Sinon me résoudre à contrer les directives.

« Je touche du bois » cela n'est jamais arrivé. Vraiment ? J'ai participé, par le biais des syndicats, des collectifs, des pétitions, régulièrement à des actions qui ont été organisées lorsque les contestations touchaient une majorité de professionnels. Mais rien de personnel.

Les cas particuliers nous apportent souvent les motifs propices à déroger aux règles générales. Rien ne sert de s'angoisser à l'avance. Je crois que lorsqu'on privilégie l'intérêt des usagers, que l'on fait preuve de bon sens, on évite les conflits avec l'autorité. Il faut savoir attendre que certaines conditions changent ou faire des propositions dans ce sens. J'ai pu constater que l'impatience nous conduisait souvent à des batailles devenues inutiles par la suite.

Il en est de même entre collègues : souvent je me retrouve entre deux tendances, à faire la liaison, le trait d'union entre des caractères bien trempés.

.

J'ai appris à ne pas répéter les commentaires faits par les uns sur les autres et vice versa.

Si l'on désire que des récits échangés restent confidentiels, mieux vaut éviter de les livrer. Les êtres discrets sont devenus une denrée rare. Il vaut mieux s'arrêter au premier stade, celui de l'écoute.

Ménager la chèvre et le chou, prendre la défense du plus faible, se faire l'avocat du diable, rester neutre, favoriser les compromis toujours, je connais.

Je pense que l'effort d'adaptation, exigé par le traitement des situations, peut être si important pour certains professionnels qu'ils se conduiront de façon totalement contraire dans leurs relations avec leurs collègues, leur famille ou leurs amis, tant il faut relâcher la pression après une telle « sur adaptation ».

Bref, je suis un agent de la médiation.

Mes idées politiques me situent plutôt au Centre : à droite de la gauche si c'est elle qui gouverne et à gauche de la droite dans l'autre cas de figure. Je voudrais dépasser le clivage gauche/droite afin de trouver ensemble les meilleures solutions pour notre pays. Déjà pro européenne, je m'engagerais volontiers ultérieurement pour un monde plus juste garantissant une place à chacun.

Etre employée comme salariée tout en travaillant comme une libérale s'avère compliqué. En attendant d'exercer comme une libérale à part entière. Offrir une prestation en réponse à la demande expresse des usagers. Passer un contrat avec des objectifs précis. M'y tenir. Ne pas y associer ses propres objectifs ou ceux d'un service.

Au passage faire office d'écrivain pour mes besoins et ceux des autres.

Au lieu des heures de ménage, de repassage ou de jardinage, proposer d'accompagner lors des démarches, de la constitution de dossiers administratifs ou autres…

Une idée pour plus tard ? Pour bientôt en fait. À réfléchir. À mettre sur la liste des possibles comme l'aide aux devoirs, la recherche de logement… Des services rendus mais monnayés. Plutôt que le bénévolat.

Je n'ai rien contre les bénévoles ; ils sont nécessaires et prennent le relais des institutions. Mais je préfère des relations plus claires et donc plus simples à gérer.

Des pistes à suivre en somme.

Chapitre 13

UN RESEAU

(*à entretenir*)

Je fais partie d'un réseau de professionnels constituant une chaîne humaine afin d'aider, via celui qui coordonne l'action, l'usager. Au fur et à mesure les relations se créent. Les professionnels apprennent à se connaître et à travailler ensemble.

Il y a les agents qui sont appréciés de tous car serviables, aimables, compétents. Je fais référence précisément à mon dernier correspondant pour un organisme de prestations avec lequel j'ai travaillé par téléphone et messagerie interposés. Un homme charmant, prompt à agir et non découragé par la complexité des dossiers.

D'autres qu'on peine à appeler et finalement on évite de le faire, tant ils vous font sentir qu'ils n'ont cure de vous rendre service alors qu'ils sont engagés à cette fin. Je pense à une homologue en service spécialisé ;

proche de la retraite, celle-ci aura, pour moi, complètement « loupé sa sortie ».

72

La meilleure méthode est à mon avis de construire petit à petit son propre réseau relationnel professionnel lorsque cela est possible. Faire jouer ses affinités m'a déjà bien dépannée et a contribué à régulariser nombre de dossiers. Les situations étant de plus en plus complexes, nous avons tout intérêt à associer nos compétences, à faire valoir nos complémentarités pour parvenir à un résultat satisfaisant.

Le travail en tandem ou en équipe contribue au succès et constitue une expérience irremplaçable.

Chapitre 14

LES RESULTATS

(*à conforter*)

Dans ce genre d'activité, les résultats se font attendre. Il faut des années avant de savoir si les interventions entreprises ont été positives. Difficile donc d'évaluer une action, de corriger une stratégie. Souvent on n'aura jamais connaissance des suites. En ville cela est encore accentué du fait de la forte mobilité de la population.

Par le biais des responsables qui ont une vue plus globale, de par l'accès aux informations sur un plan plus large, nous pouvons obtenir des éclairages sur les évolutions des besoins, des pratiques…

De manière générale, à notre échelle, nous retrouvons les problèmes décrits plus communément au niveau national, européen : le chômage, la crise, le coût du logement… la formation, l'éducation, tous les sujets sensibles évoqués par les politiques.

Nous avons donc connaissance indirectement des effets des actions menées en direction de certaines populations — immigrés, familles, mal logés… — ou dans certains domaines — éducation, emploi… —.

Manquent les résultats individuels. Il y a bien les plaintes des usagers. Souvent elles concernent le « Système », la politique municipale ou gouvernementale, les patrons, les employeurs, Pôle Emploi.

Il est rare par contre que nous ayons connaissance de leurs opinions à notre égard même si les personnes que nous sommes amenées à suivre plus durablement nous remercient chaleureusement la plupart du temps. Les cadeaux, fleurs, parfums, pâtisseries, sont tombés en désuétude —il arrive qu'elles nous « fassent la bise » en guise de gratitude—. Je me souviens d'une étrangère qui, à sa manière, avait voulu me faire un compliment en me disant que j'étais une « bonne femme ».

Si le jugement des usagers est négatif par contre, nous avons tendance à minimiser ou à recourir au dénigrement au lieu de l'analyser. En fait, nous n'avons pas l'habitude d'être critiqués, évalués.

J'ai eu recours, en réaction, de rares fois aux remontrances, je me suis fâchée même, mais j'ai toujours rectifié car soit les circonstances m'y avaient poussée — journée trop chargée — soit les usagers s'étaient montrés particulièrement exigeants — insatisfaits chroniques — ou agaçants — problème de compréhension : les « obtus » —.

J'ai constaté aussi que lorsqu'on avait affaire à un personnage agressif, on avançait sur la pointe des pieds, de façon à ne pas le heurter et déclencher un comportement inadapté de sa part. Or rien ne justifie qu'en fonction des individus il y ait deux poids deux mesures. On aimerait que tout le monde soit logé à la même enseigne, celle du respect mutuel.

La mise en place d'une charte régissant les relations entre professionnels et usagers et des enquêtes périodiques de satisfaction auprès de ces derniers seraient utiles.

Espérer voir l'aboutissement de mes efforts en faveur des usagers me retiendra bien quelques mois ou quelques années encore avant de faire mes cartons.

CÔTÉ JARDIN

Chapitre 15

UN BOUQUET DE VIES

(*à mémoriser*)

Au final j'ai rencontré plus de 2000 familles, dont j'ai bien connu certaines, ce qui représente encore d'avantage d'individus, en 40 ans de métier. Près d'une centaine de nouvelles familles par an. Et quelques situations dont je me souviens et que j'évoque, à l'occasion, pour illustrer mes débuts de carrière.

Comme cet ancien boucher qui, lors d'une visite à son domicile, m'a servi une part de tarte au fromage sur un couteau, muni d'une lame impressionnante, et m'a fait admirer la chambre froide qu'il avait construite, en annexe à sa maison. À l'époque je n'étais pas « frileuse » mais légèrement inconsciente vu le caractère violent du personnage.

Je me rappelle cette jeune femme venue réclamer mon aide, exhibant en guise d'explication, une mèche de cheveux, que lui avait arrachée son compagnon. Cette demande outrepassait largement mon rôle de pseudo conseillère conjugale.

Il y avait cet ouvrier étranger qui confectionnait des châles sur un métier à tisser d'un genre bien particulier : une grande harpe dénuée de cordes. Il faisait profiter tout le quartier de son hobby.

J'ai conservé l'image de cette mère de famille étrangère, commis de cuisine, dont le sourire arborait une dentition cossue entièrement constituée de prothèses en or jaune.

Ou encore celle de cette personne âgée qui insistait pour nous montrer les cicatrices laissées par les interventions chirurgicales et qui, nous prenant tous de court, se déshabillait, avant que quiconque ait pu réagir, pour nous dévoiler ses trophées.

Si ces exemples sont rangés dans ma mémoire parmi tant d'images accumulées c'est que les détails m'ont troublée ou déroutée. Depuis toutes ces années j'ai constamment été surprise par les usagers et leur comportement. Pourtant à chaque fois je croyais ne plus pouvoir l'être, tant j'avais croisé de personnes ou de situations insolites.

À présent me reviennent plutôt à l'esprit les êtres avec lesquels la relation a été plus dense.

Josiane n'a que 29 ans et déjà tout un passé à son actif. Son ex compagnon souffre de problèmes de santé, suite à un grave accident de voiture, qui l'empêchent de travailler et de solder les frais liés à la vie commune. La constitution d'un dossier de surendettement s'avère incontournable. Josiane n'a plus les moyens de garder leur chien de première catégorie dont il faut régulariser le titre de propriété. Sa mère et sa grand-mère la soutenaient mais elles n'en ont plus vraiment le pouvoir financièrement. Elle vient d'apprendre qu'elle attend des jumeaux. En grande détresse, Josiane se débat contre un cumul de difficultés et se trouve au bord de la dépression.

Marie approche de la soixantaine, affiche une allure de vieille fille. C'est un « moulin à parole ». Son parcours est atypique. Son engagement, basé sur sa croyance en Dieu, date de sa jeunesse. Elle pensait disposer d'un faisceau de relations sur lequel elle pouvait compter : rendre service et être aidée en retour. Elle a la naïveté de supposer que tout le monde fonctionne sur le même mode qu'elle.

Elle découvre qu'elle n'a pas cotisé suffisamment aux caisses de retraite même si elle a toujours travaillé. Elle sera peut-être obligée de quitter son logement alors qu'elle a consacré du temps et beaucoup d'argent à sa rénovation. Déçue de ne pas pouvoir faire confiance, en attente de reconnaissance et de loyauté, Marie se désole de se retrouver seule au bout du compte.

Mya est créole, une belle plante, venue dans notre pays pour ses études. Isolée, elle s'est résignée à faire des ménages en attendant un emploi à la hauteur de ses qualifications. De la fierté, du courage émanent de sa personne. Elle a été poussée par un voisin à solliciter de l'aide. Elle ne veut pas abuser. Elle a failli tomber dans la dépression … ne sortait plus. Elle est agréable, intelligente. Son désarroi sera passager.

Michel, la quarantaine, vit en couple. Il se présente comme un sauveur. Effectivement, il a permis à sa compagne du même âge de se ressaisir. Il lui a procuré une certaine stabilité. Les deux enfants de cette dernière étaient placés suite à des négligences accrues. À l'époque la jeune femme vivait avec son propre père, alcoolique. Cette famille recomposée a déménagé dans un appartement adapté, coquet. Le grand-père a été sevré. Un petit garçon est né.

Beaucoup d'ambiguïté subsistait pourtant et surtout une suspicion de maltraitance à l'encontre de l'aïeul. L'admission de ce dernier en structure a mis fin à l'interrogation.

Le couple ne travaille pas et vit du RSA. Un cumul de dettes se constitue depuis le départ du grand-père. Les ressources de celui-ci permettaient d'améliorer l'ordinaire.

Il convient de gérer la personnalité particulière du père de famille : dans la séduction, tentant d'instaurer une relation privilégiée avec les professionnels ou proférant des menaces indirectes et doté d'un humour du plus mauvais goût.

Il exprime sa honte aussi, d'être tombé si bas, d'être le vilain petit canard, dans sa famille d'origine, au regard de ses frères, de sa mère. Il reproche à sa compagne de l'avoir entraîné dans une telle spirale.

Il évoque, suggère, sous-entend des faits sans jamais aller au bout. Un suivi complexe, passant par un blocage complet de la relation, puis par un retour à plus de sincérité, s'est mis en place avant de se poursuivre plus normalement.

Successivement, la même semaine, j'ai reçu en entretien deux jeunes femmes, d'à peine plus de 25 ans. Elles auraient pu être mes filles.

La première m'a énormément fait rire. Un peu de légèreté dans ce travail ne peut être qu'apprécié. Elle était blonde, un beau visage, surtout un sourire charmant et communicatif. De surcroit, elle ne manquait pas d'humour. Elle était particulière, unique en son genre.

La seconde avait un petit accent étranger. Elle était chaleureuse.

Des personnalités très différentes, mais toutes deux dans des situations délicates, qui faisaient face, et qui, sans se départir de leur bonne humeur, continuaient à apporter quelque chose aux autres.

En fait, c'est cela l'important dans nos échanges, elles ont sollicité mon aide mais en restant elles mêmes. Elles ont conservé leurs aptitudes. Leur rencontre a égayé ma journée. J'avais envie de leur dire que j'aurais aimé avoir deux filles comme elles ; je m'en suis toutefois bien gardée.

Sarah, 23 ans élève déjà 3 enfants. Son compagnon a eu quelques démêlés avec la justice. Un couple explosif ; des relations passionnelles ; des hauts et des bas. L'aînée des enfants, 3 ans et demi, est atteinte d'une maladie orpheline. La cadette vient tout juste d'avoir 24 mois et le petit dernier est âgé de 8 mois. La jeune maman n'a entrepris aucune démarche avant la fin de sa grossesse qu'elle acceptait difficilement. Finalement les jeunes parents ont fait volte-face et voilà une famille de 5 personnes entassée dans un studio, de quoi « camper ».

Ils affichent une grande méfiance à l'égard des services sociaux. Comme le soulignait un partenaire, ils étaient dotés d'une force d'inertie peu commune. Seul le chantage au signalement a permis de faire progresser la situation.

La jeune femme a besoin d'aide mais elle est trop fière pour l'admettre. Je ne la sens pas si opposée que cela mais elle a sans cesse besoin d'être mise au pied du mur pour réagir. En même temps elle n'est qu'une « ado », trop tôt mise en situation de responsabilités. Elle en a tout l'air, juchée sur ses hauts talons compensés et ses yeux de biche dessinés à l' « Eye liner » qu'elle manie à la perfection.

Quant à lui, il est inscrit sur la liste des demandeurs d'emploi et dans l'attente, joue les « papas poule ». Il ne nous aime pas davantage, sentiment inspiré par les expériences vécues par ses parents. Il l'exprime ouvertement : « on le saoule ». Alors qu'on attend qu'il « se bouge ».

Louisa, maman de 45 ans, a perdu sa fille unique de 20 ans. Elle se sent si seule dans cette terrible épreuve alors que paradoxalement ses proches ne demandent qu'à la soutenir. La douleur, bien plus vive qu'au moment du décès, marque son physique. En vérité elle n'a pas envie d'aller mieux de peur de ressentir encore davantage la perte de l'enfant chérie. Son désespoir envahit tout l'espace.

De quoi sa fille est-elle morte au juste ? La cause n'a jamais pu être évoquée.

Chantal, adulte handicapée de 59 ans, souffre de problèmes respiratoires. Une surdité lui a été détectée à l'âge de 6 mois. Elle est en surpoids. Gaie, aimable, elle ne lésine pas sur les efforts pour se déplacer, venir aux rendez-vous. Déjà divorcée, puis remariée et séparée, elle a choisi un nouveau compagnon. Mignone, elle ne fait pas son âge ; elle a une belle peau, un visage agréable. Elle se laisse facilement aller à l'autodérision. Elle demande à être placée sous « tutelle » de peur de commettre des dépenses inconsidérées.

Françoise, 40 ans, est mère d'une fille aînée, mariée maintenant. Elle élève sa fille cadette, bien plus jeune, et a vécu avec plusieurs compagnons successifs. Son passé est un peu bohème. Fan de mangas —son allure vestimentaire et sa coiffure en témoignent—, elle est passionnée par le Japon. Originale jusque dans les métiers pratiqués, elle a travaillé comme livreur ou agent de sécurité, elle ne passait pas inaperçue. En galère pendant de nombreuses années, elle a enfin retrouvé l'insertion au bout de son cheminement.

Marion accompagne Julie, son amie, vers nos services. Le père biologique a tenté d'abuser de cette jeune fille tout juste majeure. Désemparée, perdue, Julie s'est réfugiée chez Marion qui nous apprend qu'elle a également été agressée autrefois. Marion comprend donc mieux que quiconque le vécu et les peurs de son amie et se montre prête à la soutenir dans les démarches judiciaires ainsi qu'à l'épauler pour l'extraire de ce cauchemar sans qu'il laisse trop de séquelles

.

Bernard, 57 ans, carreleur de métier, reconnu travailleur handicapé, a renoncé à son statut pour retrouver un emploi frontalier et stopper la spirale infernale du chômage. À nouveau sans travail depuis quelques mois, il dispose de revenus moindres et doit continuer à faire face aux mêmes charges. Il s'agit de tout renégocier : passer de 60 à 20 euros pour le forfait de téléphone portable, diminuer la couverture Mutuelle, solliciter des dégrèvements, des délais, de manière à revoir le montant de l'ensemble des charges à la baisse. Il n'a d'autre choix que de s'inscrire à la distribution alimentaire. Pour cela, il a mis sa fierté « dans sa poche et son mouchoir par dessus » comme il dit. Loin d'accepter, il était révolté par le sort réservé aux chômeurs âgés, de longue durée.

Nous sommes tous égaux à la naissance mais « ça se corse » par la suite.

Les parcours d'échecs trouvent souvent leur source dans l'enfance. Etre doté de parents immatures, « sans le sou », ad dictes, ou négligents, peut se révéler être une mauvaise base et constituer une entrave au développement personnel.

Lors de sa scolarité, fréquenter une école où l'on a tendance à vous laisser tranquille au fond de la classe, où on ne veille pas suffisamment à bannir l'injustice et le favoritisme, où l'enseignement n'est pas adapté, ne vous aidera pas à vous forger une personnalité solide.

Si manger à la cantine devient un luxe, si vous vous retrouvez exclu des sorties par manque d'argent, vous vous sentirez différent et surtout stigmatisé, plus fragile.

Quitter le cursus scolaire dès 16 ans, par manque d'ambition, d'intérêt, sans diplôme en poche, vous créera des difficultés à trouver un emploi et de fil en aiguille vous incitera à traîner dans les rues, les entrées d'immeuble…

L'un de ces motifs ou leur cumul peuvent aboutir à des difficultés d'insertion si vous n'avez pas la volonté ou la capacité de les dépasser.

J'ai toujours été étonnée par les parents modestes qui se sacrifiaient pour payer un enseignement privé à leur gamin. En fait je pense surtout que l'enseignement public n'est pas en cause mais que ces enfants ont plus de chances que d'autres de réussir car ils ont des parents qui se soucient d'eux.

Quel que soit l'établissement fréquenté, vous pouvez avoir affaire à des professeurs très compétents mais mal aimés par les élèves. Les jeunes « marchent souvent à l'affectif ». Dans le même ordre d'idées, s'ils se sentent estimés ils peuvent accomplir des prouesses.

Les rencontres, une main tendue, peuvent être essentielles dans un parcours. Qu'il s'agisse d'un membre de la famille, d'un ami, d'un professeur, d'un collègue ou d'un autre professionnel. Aucune destinée n'est définitivement tracée, heureusement. Il est primordial d'avoir confiance en soi et dans les autres.

Certains ne sauront pas faire preuve de discernement dans le choix des personnes dont ils s'entourent. Se fier aux autres ne signifie pas perdre sa lucidité. Les relations sont essentielles. Bien accompagné, vous aurez de meilleures chances d'évoluer positivement.

Attention aux « ados » influençables. C'est à cet âge, alors qu'ils sont en plein devenir que s'ébauche leur horizon. Il ne faut pas hésiter à susciter de nouveaux centres d'intérêt ou favoriser d'autres fréquentations si leurs attirances naturelles, leurs projets vous paraissent défavorables.

Les éléments de la vie sont complexes. Les ingrédients en sont divers et provoquent une alchimie pouvant aboutir à des résultats surprenants.

CÔTÉ MAISON

Chapitre 16

L'UNE ET L'AUTRE EN DÉFINITIVE

(*à fusionner*)

J'ai finalement réussi à être moi-même tout en intégrant la professionnelle et vice versa.

Du coup je me sens bien, entière ; un sentiment dont j'ai pris conscience petit à petit. Bien plus que d'autres, le métier d'assistante sociale requiert des qualités humaines et relationnelles primordiales. Je ne vois pas un dentiste, un carreleur — au hasard —, devoir s'impliquer autant, donner de sa personne.

Je l'ai réalisé lorsque j'ai constaté combien certaines des collègues paraissaient insatisfaites dans leur travail et combien étaient mal dans leur peau. Des motifs superficiels, parfois entretenus par le manque de communication, dont elles ne parvenaient pas à se détacher et auxquels elles accordaient une importance disproportionnée, en étaient souvent la cause.

Personnellement j'ai trouvé la bonne combinaison :

Exprimer au fur et à mesure ce qui ne va pas. Demander de l'aide lorsque cela s'avère nécessaire. Fournir des efforts quand je le juge utile. Fréquenter les personnes qui me font du bien en m'éloignant de celles qui m'agacent ; finis les sacrifices et les fréquentations toxiques — c'est un bien grand mot car je ne suis ad dicte à rien —. Mais tout ceci n'a pas été sans efforts…

De manière générale, sur le plan du travail du moins, depuis quelques années je garde mes distances, en essayant d'être une vraie collègue, rien de plus ni de moins, à ma place.

Je suis un peu lasse de certains contacts — personnes non authentiques ou non congruentes — mais aussi des conditions matérielles dans le cadre de mon travail. Trotter tout le long de la journée, le matin pour rejoindre le bureau depuis le parking ou dans la journée, grimper sans cesse les marches au bureau ou dans les immeubles lors des visites à domicile, me pèse. Sortir par tous les temps, qu'il pleuve ou qu'il vente, pour trouver porte close trop souvent, ne m'enchante guère. Pour parler familièrement j'en ai assez de « courir après les gens ». Cet exercice quotidien m'a cependant permis de garder la forme, mais en période de fatigue physique, s'avère particulièrement pénible. Je dis souvent, en plaisantant, que je ne peux que rester mince. Gare à la cessation d'activité !

Il convient d'accepter tout cela, prendre son temps, ne pas se précipiter. Il faut considérer que cela fait partie du travail — comme le trajet fait partie des vacances —, s'arranger pour ne pas multiplier inutilement les efforts, s'organiser.

Je m'efforce de quitter le bureau en ayant accompli l'essentiel c'est à dire le plus urgent et le plus important, de façon à avoir l'esprit libre les soirs ou les weekends pour m'adonner complètement à d'autres occupations. Je m'adapte : je « déborde » si cela est nécessaire professionnellement et je quitte à l'heure si besoin sur un plan personnel. Je répertorie les heures accumulées ainsi, au cas où elles pourraient être récupérées ; dans le cas contraire, tant pis, je fais cadeau. Tenir des comptes d'apothicaire ne me sied guère.

Un peu de légèreté, de fantaisie me feraient le plus grand bien. S'attacher à s'occuper des personnes à cent pour cent, n'est possible qu'en se ménageant des pauses.

Auparavant, j'emportais des rapports, afin de les corriger à la maison. Je ne parvenais pas à me concentrer au bureau. J'avais pris de mauvaises habitudes. Je me souviens que lorsque j'ai accepté ma dernière stagiaire, je lui ai consacré tant de temps, je me suis rendue si disponible, que j'ai réalisé quasiment tous les rapports conséquents chez moi. Maintenant je considère que je dois impérativement accomplir toutes mes tâches au bureau, donc quelques dépassements horaires ne sont pas un problème.

Cela ne m'empêche pas cependant de consigner mes réflexions et mon expérience pendant mes jours de repos, une façon de rester tout de même en contact avec le métier. Je me dis que par la suite, il faudra, si je veux continuer à écrire, trouver un autre sujet.

Il y a eu, au travail, une période de grand bouleversement avec l'arrivée et l'usage de l'informatique. J'ai connu un moment de « flottement » car je craignais de ne pas m'y faire. Ce qui a été difficile c'est qu'il a fallu se débrouiller concernant les bases que, contrairement aux jeunes, je ne possédais pas. Heureusement il y avait l'ordinateur à la maison, les enfants, la compagne de mon fils aîné pour m'initier, et la dactylo que j'ai toujours pratiquée. Même le vocabulaire, spécifique en informatique, m'était étranger —pour moi un fichier était jusqu'alors un meuble et un dossier un document, c'est pour vous dire—. Ce qui m'a aidée c'est mon esprit logique, ma capacité d'adaptation et le fait que je trouve ce support ludique, pratique et rationnel. J'ai finalement beaucoup apprécié de pouvoir accéder à cet outil.

Il est essentiel de veiller à l'équilibre : attacher autant d'importance à sa vie privée qu'au métier surtout dans un domaine qui exige un tel investissement.

Pourtant en relisant ces lignes j'ai plutôt l'impression que ma profession a pris une place prépondérante et qu'elle va me manquer. Il est donc grand temps de prévoir la suite, l'alternative. Je sens que ce ne sera pas simple mais ne paniquons pas. Le fait que mon mari et moi soyons à la retraite en même temps nous aidera sans doute.

Chapitre 17

LES PROJETS

(à réaliser)

Je commence à y voir plus clair. Je pense que je ne ferai pas une minute de « rab » mais je profiterai au maximum des 24 mois qui me restent — un laps de temps a passé depuis mes premières notes —.

Me vient l'idée de contacter une puéricultrice, proche également de la fin de carrière, travaillant dans un autre Centre de la même Unité, pour échanger avec elle. Ce qui m'intéresse chez elle c'est qu'elle n'a pas, contrairement à beaucoup d'autres, l'air stressée. Encore qu'une de mes collègues me dit régulièrement qu'elle a tendance à toujours vouloir faire « toutes » les choses « tout de suite », un peu comme moi — défaut répandu quand on prend de l'âge —. Par ailleurs j'ai l'impression qu'elle s'implique beaucoup dans son travail et qu'elle entretient de bonnes relations avec son équipe. J'y reviendrai.

Je sonderai également des connaissances à la retraite depuis peu. Je songe à un ami, qui n'attendait que cela. Je prends le risque de m'impatienter ensuite.

Ecartés les inconvénients pratiques évoqués plus haut, qu'il faut réduire à leur minimum, les choses me paraissent plus aisées tant sur le plan personnel que professionnel.

Mes idées se clarifient, leur traduction également, tant orale qu'écrite. J'y mets des mots. Je ne me dérobe plus. Je prends position. Je communique avec discernement. Je discute mais uniquement si j'estime être concernée et si je connais ou maîtrise le sujet, si mon interlocuteur est fiable.

Je ne me précipite plus au stade de l'analyse. Je me pose. Fini le dictat de l'urgence. J'ai appris à dire que je remets une décision à plus tard, que je demande à réfléchir. Je sollicite des explications, je donne des précisions ce qui ne m'empêche pas d'être rapide et efficace au stade de l'action.

Bref, je m'implique au quotidien tant dans ma vie personnelle que professionnelle. Cela me réussit assez bien. Ainsi j'ai gagné à connaître des gens vers lesquels je ne serais pas allée spontanément. Vous me direz que c'est normal. Certainement. La différence c'est la dose de conscience que j'y mets.

J'ai toujours su quand un comportement, un acte me déplaisaient, me dérangeaient. Seulement je n'en cernais pas toujours bien le motif. Je me fiais à mon intuition.

Maintenant, je ne sais peut-être pas tout — comme dans la chanson de GABIN — mais je crois pouvoir dire que je suis allergique aux personnes directives — attention à l'effet miroir —. J'ai banni le terme « concession » de mon lexique. Je suis favorable au compromis. Avec mes enfants j'ai été à bonne école à ce sujet. Nous avons passé, au total, des heures à négocier.

« Tout le monde il est beau, tout le monde il est gentil » ? Non. Il existe des personnes que je n'apprécie pas ; elles sont peu nombreuses cependant, même rares — au vu du millier rencontré —. C'est comme ça. Je n'y peux rien si ce n'est de les fuir, de les garder à distance ou de les ignorer si possible.

Je suis bien dans ma peau et dans mon rôle de professionnelle.

J'ai besoin des autres sans en dépendre cependant.

La prochaine décennie devrait être géniale. Les fondements sont en place. Pas de temps à perdre. On est en plein dans le vif du sujet.

Chapitre 18

L' EQUILIBRE

(*à instaurer*)

Jusqu'à présent j'ai utilisé mon énergie pour établir un certain équilibre et j'ai réussi à le maintenir.
Il s'agit pourtant d'en inventer un nouveau : trouver la juste mesure entre les occupations, mon emploi et les moments de détente, de « farniente ».

Je me sens à l'aise dans les relations individuelles. En groupe, je le suis si je connais bien les personnes ou si, à l'inverse, elles me sont totalement étrangères. Très sociable en étant plus jeune, j'aspire maintenant à plus de tranquillité, de solitude. Les réunions et les rassemblements de toutes sortes nécessitent de demeurer à taille humaine et leur fréquence à doses presque homéopathiques pour me convenir.

Avoir passé ma vie à fréquenter un panel de gens —
trop parfois — dans le cadre de mon travail d'une part
et avoir été contrainte d'autre part à accompagner mon
mari dans ses obligations professionnelles m'a rendue
un peu sauvage sur le plan privé.

Le bien-être relève d'un dosage subtil.

Chapitre 19

UN ENGAGEMENT

(*à réfléchir*)

J'imagine que dès que je serai libérée professionnellement, je m'impliquerai dans la défense d'une cause ou d'une autre.

J'adore la politique mais j'ai un peu de mal à saisir toutes les nuances dans ce domaine. Ni de gauche, ni de droite, je trouve que l'exercice politique manque souvent de bon sens — arguments électoralistes surtout —. Pourtant, au lieu de critiquer les mesures prises par d'autres, ne serait-il pas préférable d'agir, de tester l'enrôlement à son tour.

Amnesty International ?

Vouloir conserver mon indépendance, réduit considérablement le choix. Dès que vous faites partie d'un club, d'un mouvement ou d'une association vous êtes obligés de vous couler dans le moule ce qui ne me correspond pas. Je n'ai pas l'intention de passer des contraintes liées à l'exercice d'un métier à des organisations différentes dont on ne maîtrise pas toujours les finalités.

Je m'attèlerai à sélectionner du « sur mesure » pour ne pas m'associer à de nouvelles exigences. Je serai très vigilante.

Une activité plus artistique ou créative pourrait également me séduire. Comme le chant ? J'ai abimé ma voix, résultat d'une intervention chirurgicale ayant au passage détérioré l'une de mes cordes vocales. Exclu donc.

Le dessin ou la peinture ? Nombreux sont ceux qui s'essaient à cet art. Un bon moyen d'expression mais qui n'est pas dans mes cordes.

Rénover une ancienne bâtisse, avec mon mari, me tenterait bien, mais pas si cela doit prendre les dix prochaines années.

Je me connais suffisamment pour savoir que je m'investis « à fond » mais que dès que la routine pointe son nez je me désintéresse.

L'Unicef pourrait m'attirer. Militer pour le mieux être des enfants, dans mon pays mais également en Europe — la Roumanie — ou dans le monde — l'Afrique, l'Inde — et inciter à la scolarisation des filles serait utile. C'est l'association pour laquelle nous avons opté en matière de dons depuis plusieurs années. Pourquoi ne pas m'impliquer davantage ?

Ayant vécu mon travail comme un engagement, je n'ai pas eu à me poser la question jusqu'à maintenant. Au contraire j'avais besoin de temps pour moi et les miens plutôt.

Peut-être que j'aurai fait suffisamment le plein de relations pour me contenter de rester tranquille.

« Geniessen » — profiter en allemand —. Frontalière, je trouve certains mots plus appropriés, idoines, que d'autres. Qui sait ?

Chapitre 20

LA SANTE

(à préserver)

Tous ces projets ne seront utiles que si je conserve mon capital santé. Un bien précieux dont je prends assurément conscience si cela n'a pas encore été le cas.

Combien de collègues, d'amis, de connaissances ont eu des soucis dans ce domaine, de la simple grippe à la maladie plus sérieuse. J'ai souvent eu l'occasion de constater qu'à la retraite des pathologies se déclaraient, comme à d'autres moments charnières d'ailleurs — grossesse, deuil, déménagement, chômage —. Les gens se plaignent alors de cette injustice : après une vie de labeur, alors qu'ils pourraient enfin profiter, être frappés par la maladie. Et si l'on est résistant, être confronté à la perte d'êtres chers. Démoralisant, non ?

Faire de la prévention. Dans votre entourage vous trouverez toujours quelqu'un qui aura connu quelqu'un… pour anéantir votre théorie. On vous rétorquera qu'untel, après avoir vécu de la façon la plus saine possible, aura été atteint d'un cancer des poumons… C'est désolant et sans remède semble-t-il.

Pourtant, personnellement je crois beaucoup à la prévention. Elle fait partie intégrante de ma culture et de l'éducation que j'ai donnée aux enfants. Bien qu'elle les fasse sourire parfois ou qu'ils l'aient enfreinte maintes fois — non port du casque à vélo… ayant abouti à une fracture des deux poignets, et non du crâne heureusement —. La prévention est une manière de vivre, en cohérence avec mes discours et recommandations. Être congruente.

Il n'y a d'autres solutions que d'accepter les choses non modifiables et d'accorder de l'importance à la prévention de façon à ne pas gâcher nos chances de vivre bien. Et pour le reste s'en remettre à son destin.

Croisons les doigts pour que le sort Nous épargne le plus longtemps possible.

J'utilise volontairement le « Nous » car je pense que ce désir fait l'unanimité.

Chapitre 21

IL N Y A PAS GRAND CHOSE À JETER

(*un constat*)

Je me rends compte au fil des pages que mon expérience est à conserver dans son ensemble.

Soit que j'ai déjà fait inconsciemment le tri, soit qu'il n'y a rien de superflu. Peut-être suis-je une incorrigible collectionneuse — à ne pas confondre avec conservatrice —.

Je ne suis pas vraiment étonnée d'arriver à ce résultat.

Je crois que j'ai commencé un travail de réflexion et de sélection bien avant ce récit. Il date de la naissance de mon second fils à l'âge de 40ans. A cette époque j'ai été obligée de me poser les bonnes questions et de réfléchir à mon existence, mes valeurs. Ma démarche a été valable sur le plan professionnel et sur le plan personnel. Je ne peux pas dissocier ces deux aspects de ma vie. Cela a été la dernière étape essentielle avant aujourd'hui.

Chapitre 22

L'ÉVIDENCE

(*à admettre*)

En résumé, je m'astreins à être tolérante à l'égard des personnes qui gravitent dans ma sphère relationnelle.

Pour moi et mes proches — premier cercle —, au contraire, je suis très exigeante. Disons que je ne me résoudrai pas à me contenter du « peu » si les aptitudes permettent le « mieux ».

Je m'évertue à la cohérence. Je dis, sauf exception — il ne s'agit pas de blesser —, ce que je pense, je pense ce que je dis et je tente de le mettre en pratique. Les actes m'ont toujours paru plus importants que les paroles. Vous pouvez avoir un discours positif et mal vous conduire. A l'inverse quelqu'un qui se conduit bien n'aura pas un discours contraire ou inapproprié.

La congruence — je me répète — me parait également de mise. Les choses sont simples dorénavant. Je dispose d'un bon GPS.

Etant donné que j'ai opté pour le temps partiel, il convient de continuer de la sorte et non pas, comme je l'envisageais un moment, de reprendre d'avantage de service : réaliser mon ¾ temps de travail à 100%.

Par contre il faut que je modifie mon agenda privé. J'ai le sentiment, depuis que je suis moins indispensable à mes enfants, de gâcher un peu le temps dont je dispose. Je me suis ressaisie.

L'année dernière j'ai classé plus de mille photos. Depuis le passage au numérique je n'avais plus aucun ordre.

J'ai écrit ces quelques lignes depuis près de deux ans. Je m'y suis tenue ; ce n'est pas si mal déjà. Je pense que je continuerai dans le domaine de l'écriture car ce loisir me convient bien et a tendance à s'imposer comme un besoin.

Maintenant il faut que je m'active. L'heure de l'alternance a sonné. Je suis tentée par une occupation plus physique. Je crois que je vais retapisser toute la maison et rafraîchir les peintures extérieures. J'entraînerai mon mari dans cette aventure…

La preuve qu'il me faut varier sans cesse.

J'ai travaillé en ville et vécu en périurbain. Maintenant j'aimerais inverser nos modes de vie et associer les miens à ce souhait. Je voudrais réussir à convaincre mon mari de devenir un citadin du dimanche : passer la semaine à la campagne pour bricoler, jardiner, voir la famille et le weekend revenir en ville pour sortir, rencontrer les amis.

Et ensuite on verra. Place à la surprise.

FIN

SOMMAIRE

COTÈ TERRASSE

COTÉ JARDIN

COTÉ MAISON